Annales Verviétoises

NOTRE

PREMIER IMPRIMEUR

PAR

Armand WEBER

Extrait du Jour

VERVIERS
G. NAUTET-HANS
1894

NOTRE PREMIER IMPRIMEUR

Pica

8° Q

1915

Tirage à cent exemplaires nu-
mérotés et signés.

N° Quatre Vingt quatre

A Weber

Annales Verviétoises

NOTRE

PREMIER IMPRIMEUR

PAR

Armand WEBER

Extrait du Jour

VERVIERS

G. NAUTET - HANS

1894

Notre premier Imprimeur

❦

Jusqu'à présent on a cru que l'Introduction de l'imprimerie à Verviers datait seulement de 1782, car, d'après le Livre d'Ulysse Capitaine, intitulé :

Recherches historiques et bibliographiques sur les Journaux et les Écrits périodiques liégeois ;

Il n'y aurait pas été publié de Journal antérieurement à l'*Avant Coureur*, dont le dernier numéro était sorti des presses de J. J. Oger en Septembre 1780 et le *Journal de Verviers*, fondé le 27 septembre 1818 par Charles Perrin.

P. C. Vander Meersch (Biographie de Paul Loenen) dit : " Chose étonnante, „ Verviers, cette ville si industrieuse, „ ne fut dotée d'une imprimerie qu'en „ 1782 (!)... „ il se reporte au *Messager des Sciences historiques* de 1843 qui fait la même affirmation; mais il a soin de poser un gros point d'exclamation à la fin de sa phrase. C'est donc qu'il surgit un doute dans l'esprit de l'écrivain.

Aujourd'hui nous élucidons la question, nous avons découvert dans les Archives communales (où se trouvent des richesses manuscrites inconnues), ûn Document écrit tout entier de la main du Bourgmestre Nizet. C'est la minute d'une suppliq̈e adressée au Prince Evêque, l'Altesse Sérénissime Electorale Joseph Clément de Bavière.

En voici la teneur :

Remontrance du Magistrat de Vervier a Son Altesse de Liege pour l'Imprimeur Thonon contre de Mils au sujet de la Gazette que le dit Thonon imprimait dans Vervier.

A Son Altesse S^me Electoralle

dans son Conseil privé.

Prince S^me E^le

Les bgmres et magistrat de votre bonne ville de Vervier au marquisat de Franchimont ont reçu en tres profond respect l'avis et l'ord^ce de votre Altesse S^me E^le soub la dadte du 22 feb. d^r donné en sa ville de Bonne concernant l'imprimeur de Milst et l'imprimeur Tonon ce d^r establit dans votre ditte bonne ville de Vervier touchant les plaintes que forme a sa charge le dit de Milst soub ptexte que le dit Tonon auroit contrevenu aux privilèges que votre A^se S^me E^le at accorde cy devant au dit de Milst et luy causeroit préjudice contraventoirement aux ordonnances de votre ditte Altesse S^me du 27 Août 1697 et du 25 féb. 1702 pour qu'il imprime deux fois par semaine un Recueil des Nouvelles la come porte plus ampleme l'ord^ce prémentionnée.

En conséquence de quoy ce même magistrat se conformant ponctuellement aux volontés et intentions de votre A. S. E^le qu'ils révèrent et se feront toujour un plaisir de reverer ont d'abord fait connoitre au dit Tonon l'ord^ce et interdiction de votre Altesse S^me E^le du 22 feb. 1716 afin qu'il eut à s'y conformer.

Le même magistrat, prince S^me E^le enacquit du devoir de leur charge et de leur serment prent la Liberté et se donne l'honneur de refuter en tres profond respect et submission a votre ditte Altesse S^me le suivant.

1. Que la ville de Vervier apres la cite de Liege est la plus grande ville et commercante du pays tant par raport a la quantité de ses negotians qu'a ses batiments et la multitude de peuple quy y fourmillent.

2. Que le negoce est le nerf d'un estat le soutient d'une ville et de ses habitans.

3. Que les marchands négocians de votre bonne ville de Vervier parcourent avec leur manufacture la plus grande partie de l'Europe scavoir les pays bas espagnal Loraine, pays de treve, l'hollande, l'archeveché de Cologne, pays de muster, wesphalie, Lipsich, Brunsiche, la Suisse, passa, brandebourg, danemarck, la pologne et autres lieux qu'on obmet icy pour éviter prolixité.

4. Qu'ayant négoce dans tous ces endrois c'est une necessité indispensable pour le bien et avantage de leur commerce de scavoir ce qui se passe par toutes ces pties de l'Europe afin de se précautionner et de prendre les mesures necessaires et convenables succès de leur commerce.

5. Que pour ces causes et raisons en acquit de leur devoir et pour l'avantage de leurs commerçants il at paru aux remontrants qu'un imprimeur inteligent et qui eut des bonnes correspondance étoit nécessaire dans leur ville et y seroit d'un gros secour et utilité à leurs dits négocians.

6. De sorte que le nommé Lambert tonon résident à Malmedy pour lors l'iant sur le commencement de l'an 1715 pnte a eux pour l'establir dans leur ville de Vervier parmy quelque avantage et immunité les remontrants ont trouvé de convénance de luy admétre grafuitement et de lui accorder des avantages et immunités.

7. Mais comme il leur fit connoitre qu'il ni pouvoit pas subsister par le débit de ses livres dont il se fait une petite consomption dans la ville de Vervier, il remtrat au même magistrat qu'il se procureroit des correspondans dans toutes les ppales villes des pays où les marchands négocians de la ville de Vervier exercoient negoce et que par le moyen de ses correspondans il pourroit faire scavoir des nouvelles seures de tems en

tems de tout ce. qui se passoit es dits
pays étrangers ce qui serviroit d'un gros
secour. et utilité aux dits négocians re-
quérant en même tems le même magistrat
de vouloir luy procurer la faculté et ag-
greaon de votre A: S^{me} pour l'exercice de
sa profession dans votre bonne ville de
Vervier, tant pour imprimer un recueille
de nouvelles deux fois par semaine sans
quoy il ni pouroit subsister avec sa fa-
mille qu'en conséquence

8. De quoy le même magistrat s'ad-
dressât à votre A: S: E: dans son Conseil
privé par requeste le 23 Mars 1715 et
votre A: S: E^{le} s'inclinant favorablement
et en faveur de justice à la dde des
remontrans porta sur icelle l'ord^{re} suivante.

9. Son A: S: E: déclare d'authoriser
Lambert thonon et Jean Lambert son fils
pour imprimeurs dans sa ville de Vervier
fait au Conseil de sa ditte A^{tesse} le 23
Mars 1715 étoit signé poitier vidit.

10. De quoi fait plus ample foy copie
de la requeste présentée à votre ditte
A. S^{me} avec l'ord^{ce} sur icelle relaxée qui
vat ici iointe.

11. Ensuitte de quoy le dit thonon
ayant quitté son domicile de Malmendy
et s'estant venu établir dans cette dite
ville s'at procuré des connessances et des
correspondances a grand fraix dans les
pays etrangers pour le bien et avantage
des négotians et pour donner connaissance
au publicqs de ce qui se passoit n'ayant

rien fait qu'en conséquence des ordces et
volontés de votre Al. S. Ele lui accordées
dans son conseil privé.

12, De quoy l'imprimeur De Milst n'estant pas content s'at addressé au même
conseil par requeste plaintive dans quele
n'ayant avancé aucunes raisons solides
ni fondées votre A. S. Ele en demeurant
auprès de son ordce du 23 Mars 1715 at
permit que le dit thonon feroit la fonction
de sa charge.

13. De sorte qu'il est à présumer que
sous les memes plaintes malfondées et
au piudice du premis il at été surprendre
la religion et la clémence de votre ditte
A: S: Ele en la ville de Bonne.

14. Puisque si le pauvre Thonon imprime deux fois l'élite des nouvelles par
semaine dans la ville de Vervier cela ne
piudicie en rien à l'octroy que votre ditte
A: S: Ele peut avoir accordé au dit de
Milst dans la cité de Liège.

15. tant parceque le dit Thonon ne
fait débit de ses gasettes que dans la ditte
ville de Vervier qu'a raison qu'il ne s'en-
suit pas que votre A: S: Ele par cet octroy
ne puisse en conceder d'autres à des
imprimeurs qui s'establiroient es autres
bonnes villes de son pays de Liège pour
l'avantage utilité de leurs négocians.

16. Detout plus que dans la ville capital
et dans tout le pays de Liege on y souffre
bien le debit de gasettes d'hollande, de
Bruxelles, de paris et de Cologne sans
que le dit de Milst se récrie ou se ré-
clame allenccontre.

17. Et cependant il forme des plaintes
à charge du dit thonon imprimeur establit
dans votre bonne ville de Vervier d'au-
tho de son A^tesse qui ne fait débit de ses
nouvelles que dans la ditte ville pour
l'avantage connessance et gouverne des
marchands y négociant qui en ont par
l'expérience profité et été d'un gros secour.

18. Que si votre A. S. Ele soufre et
ne permet que le dit thonon soit frustré
de cette fonction qui ne préiudice à per-
sonne puisque l'élite des nouvelles du
dit de milst se débittent à l'ordinaire deux
fois par semaine dans cette même ville et
il se treuvera obligé de quitter votre ditte
bonne ville de Vervier pour s'aller establir a hodimont terre d'Espagne nonobs-
tant que son travail soit d'un gros secour
et utilité aux commercants parceque sans
cette besogne il ni pourroit pas subsister.

Cause pourquoy le magistrat remon-
trant se retire vers votre Altesse S. Ele
la justice et la clémence de laquelle ils
ont si souvent ressentit dans l'espoire que
faisant favorable attention aux raisons
premises elle serat servie par un effet
de sa justice ordinaire de demeurer em-
près de son ordce du 23 Mars 1715
en interdisant au dit de Milst de ne
plus troubler et vexer le dit thonon dans
la fonction de sa charge quoy faisant, etc.

*
* *

Il découle de cette pièce très impor-
tante pour l'Histoire littéraire de notre

ville, qu'en 1715, *Lambert Thonon père et fils*, imprimeurs à Malmedy, quittèrent cette localité pour venir imprimer l'*Elite des Nouvelles* à Verviers.

Sous les instigations de *de Milst*, imprimeur à Liège d'un journal portant le même titre, le Prince lança l'interdiction sur le Journal de Verviers. Pour l'obtenir, *de Milst* dût se rendre à Bonn où résidait souvent l'Evêque.

Le Magistrat *Nizet* protesta et argumenta énergiquement en faveur de son protégé. A l'heure actuelle, dans un cas identique, bourgmestre ne trouverait pas des raisons meilleures que celles énoncées par Nizet.

Il faut reconnaître, pour que de Milst récriminat en constatant que l'*Elite des Nouvelles*, paraissant à Verviers, lui était préjudiciable, que cette feuille avait paru déjà, car le document le dit clairement.

" La ville de Verviers, après la cité de Liège, est la plus grande ville et commerçante du pays, tant par rapport à la quantité de ses négociants qu'à ses bâtiments et la multitude du peuple qui y fourmille, etc, etc. „

Et pour que *Thonon* se décidat à quitter Malmedy, avant 1715, pour s'établir comme imprimeur et éditeur d'un journal à Verviers, et que, en Mars 1716, à la suite de l'ordonnance du Prince, il menaçat d'aller résider sur la terre espagnole, c'est à dire à Hodimont et y poursuivre sa publication, c'est qu'il désirait continuer à publier deux fois par semaine son *Recueil des nouvelles*.

Il est donc maintenant, bien et dûment prouvé qu'en 1715 et 1716, un imprimeur résidait à Verviers, qu'il y éditait un journal, l'*Elite des Nouvelles*, en concurrence avec le journal du même titre qui existait à Liége, à la même époque, quoique Ulysse Capitaine ne fasse remonter cette publication qu'au 5 Novembre 1717. Bernard Mawe a déjà émis des doutes à cet égard, dans son Histoire du Théâtre.

Remarquons que les ordonnances citées dans notre intéressant document, des 27 Août 1697 et 25 février 1702, nous étaient inconnues car les auteurs officiels ont eu soin de ne pas les renseigner dans la liste des *Edits et ordonnances publiés par le Gouvernement*.

Au surplus, nous possédons des livres imprimés chez ce *Lambert Thonon* :

1° " *Le dégoût du monde*, par maximes „ tirées de l'Ecriture et des Pères, par „ Monsieur le Noble. Quatrième édition, „ augmentée, Paris, chez Damien Beu-„ gnié avec privilèges du Roy, se vend „ à Malmedy, chez Lambert Thonon, „ imprimeur de S. A. S. — 1709. „ in 12, mes^t 126 × 75 $^{m/m}$, contenant 5 ff., 202 p., 13 ff., avec un fleuron composé d'ornements d'imprimerie constatant que ce livre est le 5me sorti des presses de Thonon. (La 2me édition parut en 1701 chez G. H. Streel, à Liége.)

2° " *Instruction pastorale* ou l'on apprend ce qu'on doit sçavoir et pratiquer, pour mener une vie vraiment chrétienne. Première Edition.

I H S

A Herve

chez Lambert Thonon imprimeur de Sa Majesté Impériale et Catholique avec approbation et Permission. „

Pet. in 8 mes^t 150 × 93 $^{m/m}$, contenant 2 ff. 98 p. S. d.

L'approbation est ainsi conçue :

" Il n'y a rien dans cette instruction de contraire à la Foi, ni aux bonnes mœurs.

Fait à Liége, ce 27 octobre 1718.

H. R. Stéphani de la Compagnie de Jésus Examini-Synodal. Imprimatur Leodii, hac 27 Octobris 1818. P.L. Episcopus Porphyriensis Vicarius Generalis Leodiensis.

Le même livre fut réédité en 1767 chez Quirin Lejeune à Stembert, cette 1re édition n'est pas renseignée par X de Theux dans la *Bibliographie liégeoise.*

Nous en déduisons que Clément-Joseph de Bavière, en Prince magnanime et clément, ne retira pas l'ordonnance qui défendait l'impression de l'*Elite des Nouvelles* à Verviers en dépit de ses autorisations antérieures, et que LAMBERT THONON frustré, malgré l'appui vigoureux du Magistrat Nizet, s'en alla habiter

sur la terre d'Espagne, non à Hodimont,
mais dans la ville de Herve.

Nous sommes donc autorisés à soutenir
que l'Imprimerie fut établie en notre
ville dès 1715, sinon antérieurement,
c. q. f. d.

Notre premier Imprimeur

SECONDE PARTIE

Depuis la publication de la première partie de ce travail, nous avons recueilli sur le compte de *Lambert Thonon* des renseignements complémentaires qui élucident admirablement la question.

Enfoncés de plus en plus les imprimeurs *Quirin Lejeune, Depouille* et *Oger*. Nous leur avons trouvé un aîné.

Les registres paroissiaux de Liége nous apprennent que *Lambert Servais Thonon* fut baptisé dans cette ville, le 13 mai 1672, fils qu'il était de Guillaume Thonon et de Marie-Catherine Lahaye.

Les mêmes registres renseignent bien aussi un certain Lambert *Thonnon*, baptisé le 22 mars 1667, fils de Lambert et de Madeleine Gérard, mais l'orthographe du nom familial, nous fait opter pour le premier.

Notre imprimeur s'établit d'abord à Liège, où il édita plusieurs ouvrages, qui, presque tous, se trouvent dans le legs d'Ulysse Capitaine à la Bibliothèque de l'Université. — En voici la nomenclature :

1. Nemesis Karulina: divi Karoli V leges rerum capitalium annis Christi 1530 et

1532 sancitae, a Gregorio Remo para-
phrasi expositae, notis ex optimis qui-
busque juris interpretibus illustratae.

L. Thonon — 1699

(in 4, 131 p.-5 p.-table)

X. de Theux dans sa Bibliographie si
consciencieusement élaborée dit :

« *Dans sa dédicace à la Cour des Eche-*
« *vins de Liége, l'imprimeur déclare que*
« *c'est le premier volume sorti de ses*
« *presses.*»

Il publia une seconde Edition de la
Némésis à Malmedy en 1706.

2. *De reconventione tractatus vere aureus*
et in foro maxime practicabilis, ex ipsis
civilis canonici et saxonici juris fontibus,
ordinatione camerae et imperii recessibus,
practicis quibuscumque probatissimis con-
siliis, decisionibus, et variorum juriscon-
sultorum responcis... nunc primum in lucem
prodiens opera et studio Theophili Gise-
berti J. U. Doctoris.

L. Thonon — 1699
(in 8 de 8 f.- 264 p. 8 f., table)

3. *Brevis enodatio l. unicae C. de errore*
calculi... publicata a Jacobo Ayrero J.-U.-
D. et causarum advocato Reip. Noricae.

L. Thonon — 1699 (in 12)

4. *Mobilium et immobilium natura modo*
academico et forensi ad evidentiorem juris
statularii intellectum strictim proposita —
Auctore Paulo Voët.

L. Thonon — 1699

(in 4 — 178 p. p. sans les lim. et l'index)

5. *Joannis Malcoti Lovaniensis J.-U.-D.
in suprema Brabantiae curiae consilarii,
ad. tit. XVIII, lib. I cod. de juris et facti
ignorantia praelectio academica extraor-
dinem habita. Accedit Joan. Rami J. C.
comment.ad eumdem tit. in. D. et tractatus
de analogia juris et facti.*

L. Thonon — 1699

(in 8-6 f. 236 p. et 4 f. table.)

6. *Gerh. Feltman jcti et antecessoris pri-
marii, jus georgicum de inclusione anima-
lium aliisque rei agrariae argumentis.*
*Editio novissima auctior et correctior —
Liber singularis.*

L. Thonon — 1700

(in 4-5 f. 259 p. 7 f. index)

7. *Gerh. Feltman tractatus de jure in
re et ad rem id est manuductio ad jus civile
Romanorum et Clivorum, liber singularis.*
L. Thonon — 1700 (in 4)

8. *Tractatus de annuis reditibus libris
duobus explicatus quibus jus redituum ex
monumentis Veterum etc., etc.*
*Auctore Paulo Busio J.-C. Adjecti
sunt tres indices...*

L. Thonon — 1700

(Pet. in 8, 8 f. 316 p.-et 2 f.)

9. *De nominibus et actionibus cessis tractatus auctore Christiano Lenzio J. U. con-
siliario elect. Saxonico, et supremi ap-
peltionum judicii quondum accessore,
acessit edictum de cessionibus a serenis-
simo Electore Saxonico d. 1 feb. anno*

1614 promulgatum additionibus illustratum. Cum indice triplici.

L. Thonon, 1700
(in-4-12f-419p.-25p. index), titre rouge et noir.

10. Pauli Voet, de statutis eorumque concursu, liber singularis.

L. Tonon, 1700
(in 4, 198 p. sans les lim. et l'index)

11. Johannis Voet P. F. G. N. juris utriusque doctoris et antecessoris Nassovici de familia erciscunda liber singularis, quo varia est exposita dividendarum haereditatum methodus ejusque divisionis effectus et praecipuae pleraeque contraversiae ex civili et consuetudinario jure definitae.

L. Thonon, 1700
(in 4, 2 f-242 p.-12 f-index)

12. Tractatus novus in quo vastissima protestationis materia abundissime continetur ad omne jus pertinens, authore Joanne Fercotto.

L. Thonon, 1701. (in-8)

13. Dominici Arumaei de mora commentarius methodicus nunc denuo sublatis mendis editus. Cui accessit Joannis Saportae compendium morae.

Leodii L. Thonon, 1701

14. Tractatus de incendio ante hac nunquam editus in quo omnia ac singula ad hanc materiam pertinentia dilucide proponuntur ac succinte deciduntur. Auctore D. Joanne Lublero J. C. Agrippinate.

L. Thonon, 1701
(in-12, 4 f.-353 p. 39 p. index)

15. *Tractatus emptionis, venditionis qu
jus omne romanorum quoad ad eam materiam pertinet novâ plane ac succinctâ methodo exhauritur. Authore Paulo Verryn.
J. C. Secunda editio.*

L. Thonon, 1701
(in-8, 15 ff 424 p. 3 f-table)

16. *De homagio, reverentia, obsequio,
operis auxilio, et aliis juribus quae sunt
inter dominos et subditos, ex jure diligens
et accurata tractatio Thomae Maulii tum
temporis consiliarii et secretarii Lubacensis. Editio nova.*

L. Thonon, 1701
(in-4, 4 f-228 p. 14 f-index)

17. *Guilielmi Grotii isagogae dd praxim
fori Batavici, illustratae paraphrasi ac
supplemento, auctore Abrahamo de Pape
J. C.: accedit index rerum et verborum copiosssimus.*

L. Thonon, 1701
(in-4, 6 f.-348 p. 2 f.-index)
La dédicace est datée du mois d'octobre 1693.

18. *Reverendo admodum perillustriae
generoso Domino Mathiae Clercx, ecclesiae
cathedralis canonico et scholastico, nec non
insignis ecclesiae collegiatae Sancti Petri
praeposito electo, januarii hac 30ma 1702.
Dedicabat Aegid. Franc. Ragaeft.*

Thonon, 1702
(in-4, 4 ff.)

19. *Decisio Brabantina super famosissima quaestione quâ quaeritur utrum matrimonio absque pactis dotalibus contracto
et conjugali, bonorum communione statuto
domicilii exclusa, illa etiam exclusa censeri
debeat quoad bona contrahentium in alio*

territorio sita ubi statutaria communio viget ; nuper in suprema Brabantiae curia quae Hagae-Comitum est ventilata ac decisa, rationibus munita et ab objectionibus vindicata. Auctore Joan.Andrea Vandermuel en... jusdem curiae senatore...

(in-8, 15 f.-267 p. - 1702.

20. Repetitio Clem. I, ut clericorum de officio ordinarii in qua agitur de pontificis et imperatoris potestate et clericorum correctione, etc.

Auctore Stephano Aufrerio, olim antecessore Tholosano. Accessit ine fine tractatus brevis Bernardi Laurenti quibus casibus saecularis judec manus in clericum injiciat. Opera et studio Math. Boys, doctoris.

L. Thonon, 1702
(in-8, 12 f.-538 p. 26 f.-index)

21. Antoni Matthaci observationes rerum judicatarum a supremo Ultrajecti revisionis consessu.

L. Thonon, 1702
(Petit in-8, 10 f.-383 p. 15 p.-index)

22 Christophori Kyblin a Waffenburg, J. U. D... tractatus novus theoricus et practicus de poenitentia et voluntatis mutatione in utroque jure in septem partes divisus... Editio nova correctior.

L. Thonon, 1702
(in-4, 8 ff-642 p. 27 f.-index)

23. I. N. J. J. Tractatus theorico practicus de authoritate privata sive quando liceat unicuiq. se et alios et bona et jura sua sine judciee vindicare... conscriptus a Johanne Grake. D. item Quintiliani Mando

*sii juriscons. celeberrimi tractatus de aetate
mino ri.*

L. Thonon, 1703
(in 4, 4 f.-268 p., 7 f.)

*24. Tractatusde reconventione utilis et
practicabilis in quo omnia ac singula ad hanc
reconventionis materiam pertinentia, quo-
tidie, tum in scholis, tum in foro occur en-
tia, per quaesiiones ac responsiones dilucide proponuntur ac succinter deciduntur.
Autore Jo. Petro Molignato J.C.T.O.
Vercellensi celeberrimo
Leodii Typis Lamberti Thonon, Bibliopo-
lae ad insigne Mallei aurei prope forum 1699.*

(in 8, 248 p. et 10 p. index)

*24. De retentione tractatus utilis et
practicabilis... Petro Molignato jurecon-
sulto Vercellensi, eximio auctore.*

L. Thonon, 1699
(in 8, 365 p. sans les lim. et l'index)

A la fin du 21e de ces ouvrages se
trouve un catalogue de 23 œuvres impri-
mées à Liége chez Thonon, ainsi que
nous l'apprend M. le D⁰ Bamps, échevin à
Hasselt, dans son opuscule : *Recherches
bibliographiques concernant l'ancien pays
de Liége.*

Le seul exemplaire connu du N° 22 ap-
partient à cet écrivain et il le possède,
relié en compagnie du N° 24. L'opuscule
dont nous venons de citer le titre complète sur un point, la *Bibliographie liégeoise de M. le Chevalier X. de Theux de
Montjardin,* qui omet de renseigner ce
N° 23.

Donc, Thonon après avoir, pendant
plus de trois années produit un travail
considérable qui se chiffre, en livres seu-

lement, par un total de 7000 pages impri-
mées, Thonon, disons-nous, quitta pour
des raisons que nous ignorons, son
atelier enseigné au *Maillet d'Or*, *près du
marché* à Liége et alla s'établir à Malmedy
où il édita, outre les volumes que nous
avons cités, beaucoup de livres et notamment :

— *L'Avocat des âmes du Purgatoire ou
les moyens faciles pour les aider présentez
aux miséricordieux et volontaires avec un
exercice pour se préparer à la mort et les
prières de l'église pour les agonizans, par
le R. P. Marc de Bonnyers, etc.*

Malmédy, chez L. Thonon, imprimeur
et marchand libraire, 1703
  (pet.-in 12, 7 f. 344 p.)
La 1ʳᵉ édition avait paru à Lille en 1631.

Ce livre fut imprimé l'année même où
Thonon transporta son industrie à Malmedy. M. Albin Body de Spa en possède
un exemplaire.

Le livre suivant, réimpression de
l'Edition *Hovius* de 1619, est considéré
comme la première impression Malmé-
dienne :

— *Loix, Statuts, reformations, ordonnances et règlements généraux de la justice
et principauté de Stavelot et Comté de
Logne faits par S. A. Ferdinand de Bavière. Nouvelle Edition.*

Malmedy, chez Lambert Thonon, 1703
(4 f. 72 p.) il est suivi de : *Règlement en
regard de la principauté de Stavelot et
Comté de Logne. — 4 ff.*

Thonon réédita ces deux ouvrages en
1713.

— Particulae gallico-latinae ad usum faciliorem accomodatae.

Malmundarii, L. Thonon S. a, 1706
(Pet-in 12, 91 p. 3 ff., contenant :

Bref recueil des plus communs noms des villes et pays,

— Le bon employ du temps avec les réflexions chrétiennes et salutaires sur le jugement dernier.

Malmedy, L. Thonon 1710
(Pet-in 12, 36 p.)

— Poésie française pour l'utilité de l'industrieuse et florissante jeunesse des classes de Stavelot.

Malmédy, L. Thonon. 1711
(Pet-in 18, 32 p.)

— La Sainte communion ou la manière de bien communier, par un Père capucin de la province de Liége.

Malmédy, L. Thonon 1713
(in 8-12 f. 418 p.-3 f. table.)

La dédicace de ce livre, à Antoine Gilles, comte de Tollet, dit X. de Theux, est signée F. M. D. L. C. I. (*Frère Martin de Liége, capucin indigne*).L'auteur s'appelait réellement Martin Jacobi.

Après avoir séjourné douze ans à Malmédy, ainsi que le prouve le Document que nous avons découvert aux Archives communales, notre Imprimeur vint à Verviers en 1715 — il était alors âgé de 43 ans.

Il s'installa en notre ville se fiant sur l'autorisation de l'Altesse Sénérissime électorale qui, par un acte du 23 mars

1715 « *déclare d'authoriser Lambert Thonnon et Jean Lambert son fils pour imprimeurs dans sa ville de Verviers* (Conseil privé du prince Evêque, protocole reg. N° 101 aux Archives de l'Etat à Liége).

Cette autorisation fût suivie le 16 Novembre suivant par une ordonnance ainsi conçue :

L'Imprimeur de Milst contre Lambert Thonon à Verviers. S. A. S. E. ordonne que la présente avec les pièces y jointes soit communiquée à Lambert Thonon pour y dire ens huit jours de l'intimation.

(Même registre.)

Et le 29 Novembre par celle-ci :

S. A. S. E. déclare que par l'Octroy accordé au suppliant, elle n'a pas entendu de préjudicier a celuy de son Imprimeur de Milst pour les gazettes ni autres choses.

(Même registre.)

enfin ce registre mépuisable, dont nous devons ces extraits à l'extrême complaisance du conservateur des Archives de l'Etat à Liége, M. *Van de Casteele*, contient la mention :

24 février 1716. Lettre de S. A. S. E. du 22e pour l'Imprimeur de Milst, contre le gazetier de Vervier. Lu la lettre de S. A. S. E. datée de Bonn le 22e pour qu'il soit deffendu à Lambert Thonnon d'imprimer à Vervier des Gazettes.

« Quoique ces actes, dit M. van de
» Casteele, ne soient pas très explicites,
» ils suffisent pour apprendre que Thonon
» fut empêché d'imprimer les Gazettes à
» Verviers par suite de l'opposition de de

» Milst, imprimeur à Liége, qui en avait
» obtenu le monopole.

« *Le 29 août 1697*, déjà, il fut décidé
» au Conseil privé de l'Evêque de Liége,
» *à la demande de l'imprimeur de Milst,*
» de renouveler les défenses faites pré-
» cédemment par les évêques de Liége et
» notamment le 27 août 1695,à tous impri-
» meursautres que ledit de Milst d'imprimer
» les Gazettes,conditions,traités de paix et
» autres nouvelles de ce genre, mention-
» nées plus au long dans l'ordonnance du
» prince Maximilien du 7 Mai 1678. »

(Conseil privé, protocole, reg. N° 90.)

Thonon devant un refus aussi catégo-
rique n'eût d'autre ressource que celle
de plier bagages, et nous le retrouvons
trois ans plus tard à Herve.

Les registres paroissiaux de cette der-
nière ville, qui alors faisait partie du Du-
ché de Limbourg,sont muets relativement
à la mort de notre pérégrinant Thonon, et
nous le perdons de vue.

Ainsi étayées de preuves indéniables
nos allégations sont irréfutables et nous
répétons péremptoirement que, jusqu'à
présent, le premier Imprimeur connu à
Verviers s'appelait *Lambert Thonon.*

Et quand, en définitive, on se rend un
compte exact de la somme de travail
qu'il a fourni tant à Liége qu'à Malmedy
et Herve, on regrette d'autant plus la
décision des autorités qui refusèrent
de continuer laisser à éditer l'*Elite des
Nouvelles* dans notre localité où, disait
Nizet, la population fourmillait.

Avec l'aide énergique d'un tel typogra-
phe, artiste et érudit, le mouvement

intellectuel de Verviers eût pris un essor bien plus considérable encore.

« Mais, dit Ulysse Capitaine, si l'on
» étudie les causes qui ont retardé chez
» nous les progrès du journalisme, on
» s'aperçoit qu'elles ne diffèrent guère de
» celles qui ont empêché l'imprimerie de
» s'y acclimater de bonne heure. Le re-
» tard éprouvé par notre ville à participer
» à toutes ces innovations est dû à la
» constante hostilité du pouvoir ecclé-
» siastique contre l'émancipation de la
» Presse. »

Et s'il en était ainsi à Liége nous com-prenons d'autant mieux l'interdiction lan-cée contre Verviers où la censure n'aurait pu s'exercer aisément eu égard à la dis-tance, les journalistes ne pouvant faire connaître aux bons bourgeois et Manans de la Principauté que les faits de la poli-tique extérieure, raison pour laquelle nos gazettes, jusqu'au milieu du XVIIIe siècle sont d'une nullité absolue.

*
* *

Puisque cette argumentation nous a ramené sur le chapitre de l'*Elite des Nouvelles*, arrêtons nous y quelques ins-tants.

Mais pour cela, cédons la parole à *M. Albin Body,* le chercheur complaisant et infatigable qui a fait de précieuses et innombrables découvertes relatives au passé Spadois.

M. Body nous écrivait, après avoir lu la première partie de ce travail :

« ..... il règne encore pas mal d'obscurité
» sur les vicissitudes de ces feuilles intitulées :
» *Recueil des nouvelles* et l'*Elite des nouvelles.*

« Ainsi à propos de la première dont Ulysse
» Capitaine et après lui, M. de Theux, disent
» n'avoir vu qu'*un* n° de 1699, il est bien cer-
» tain qu'il y eut deux feuilles différentes du
» même nom.

« Je possède 13 numéros d'un *Recueil des*
» *Nouvelles* allant du 7 avril 1703 au 26 juin,
» sans nom de lieu, sans nom d'imprimeur.

« Je possède également dix numéros d'une
» feuille de même nom, allant du 26 juin 1703
» au mardi 20 septembre 1703.

« Quoique du même titre, et du même petit
» format in 4, les caractères du titre d'abord,
» les lettres ornées, sont différents ; la justifi-
» cation est ici, de 103 mill., tandis que dans le
» 1ᵉʳ elle n'est que de 68 mill. La page 31 lignes
» et l'autre 32. Le papier est un peu plus grand,
» enfin les Nᵒˢ du 26 juin que j'ai de l'un et
» l'autre recueil n'ont pas les mêmes rédactions.

« Tous deux ne portent ni nom de lieu, ni
» nom d'imprimeur.

» Enfin, je possède de l'*Elite des Nouvelles*,
» onze numéros. Et tandis que Capitaine fait
» remonter cette feuille au 5 Nov. 1717 et de
» Theux à 1716, mes numéros vont du mardi
» 17 juillet 1703 au mardi 27 novembre même
» année.

» Ce petit journal, de même format que les
» deux précédents n'a ni nom de lieu ni nom
» d'imprimeur. Il ressort de l'étude des carac-
» tères typographiques, de leur comparaison,
» que ce journal, l'*Elite* qui parut concurremment
» avec le *Recueil des Nouvelles* (puisque j'ai
» sous les yeux un Nᵒ de chacune de ces feuilles
» daté du 17 juillet 1703) remplaça fin juillet ou
» commencement de juillet le *Recueil des Nou-*
» *velles.* En effet la lettre initiale ornée L est la
» même pour les deux publications.

« Cette feuille qui est de 13 ans antérieure à
» ce qu'a dit Capitaine, où fût-elle imprimée ?
» A Verviers peut-être ? Mais par qui ? Pas par
» Thonon, puisqu'il n'y alla résider qu'en 1715 ».

Nous n'avons pas grand chose à ajouter
à l'étude si complète, si approfondie
que fait M. Body sur l'ancienneté de l'*E-*
lite des Nouvelles.

Voici toutefois, pour ceux qui ne le connaissent pas, le texte de X. de Theux relatif à ces recueils :

ELITE DES NOUVELLES

« Ce journal politique parut trois fois par se-
» maine, par numéro in 4, de 4 pp. à partir de
» 1716, et se continua au moins jusqu'au 19 mai
» 1756. Il s'imprimait chez de Milst, puis chez la
» V⁰ Procureur et chez E. Kints ».

RECUEIL DES NOUVELLES

« p. in 4 de 4 pp. Journal bi-hebdomadaire.
» Le seul numéro que M. Capitaine ait vu est du
» 26 février 1699. Il cessa de paraître en 1724,
» quelques mois après l'avènement de Georges
» Louis de Berghes ».

Enfin dans notre l'*Histoire du Théâtre de Verviers* nous écrivions que M. *Jules Matthieu*, le savant bibliothécaire, possède un N⁰ de l'*Elite des Nouvelles* du vendredi 21 novembre 1704, contenant l'annonce suivante :

« On vendra tous les mois à Vervier
» chez Bertrand-Rigau, un journal intitulé
» la *Clef des Cabinets des Princes* ».

Concluons en rectifiant les textes de Capitaine et de de Theux :

L'*Elite des Nouvelles* date au moins de 1703 et il parût, en 1715, quelques N⁰ˢ d'un journal du même titre en notre bonne ville de Verviers chez l'Imprimeur *Lambert Thonon*.

ARMAND WEBER.

www.ingramcontent.com/pod-product-compliance
Lightning Source LLC
Chambersburg PA
CBHW060816280326
41934CB00010B/2713